I0766283

# El Nirvana De Grecia Joana:

## La influencia sobre la mente, cuerpo y alma.

11 de agosto de 2020

Parana, Entre Rios

Le dedico este libro a todas aquellas personas que no solo anhelan vivir con mas salud, prosperidad, bienestar y felicidad, sino que, además, están dispuestas a hacer algo para lograrlo y ayudar tambien a otros a conseguirlo.

Besos al alma.

*Grecia Joana*

1. Desarrollo interior....................................................1

2. Introducción.........................................................2

3. Permitite dudar....................................................7

4. La libertad de elegir es eligiendo............ 11

5. Aceptar decidir y accionar.......................16

6. Si no tengo en claro mi propósito, seguiré el de los demás.......................................................22

7. El miedo es la alerta no la certeza.......................25

8. La culpa es la arrogancia........................34

9. Quien controla a su mente controla a su peor enemigo y lo transforma en aliado.......................40

10. De víctimas a maestros...........................45

11. Responsabilidad....................................44

12. Tiempo y equilibrio................................53

13. ¿Por qué Escribir?.................................61

14. Salto de Conciencia...............................64

15. Conclusion..........................................70

# Desarrollo interior

El desarrollo interior llega poco a poco.

"Puede que pienses que hoy mi calma, mi serenidad, mi bienestar físico y emocional es muy pequeño".

Pero aun así, si la comparas y echas la vista hacia atrás cinco años, y te preguntas:

¿Cómo pensaba en aquella época? ¿Cuánta serenidad tenía? ¿Cómo era mi bienestar físico y emocional, y cómo es ahora?.

Si lo comparas con entonces, te darás cuenta, que existe cierto progreso, cierto valor, cierto equilibrio, esa es la comparación que deberías hacer.

No comparar la sensacion de hoy con la de ayer, o con la de la semana pasada, o con la del mes pasado, ni siquiera con la del ultimo año.

Entonces podrás darte cuenta de la mejora que se ha producido ent u interior.

**"El progreso llega mediante el compromiso constante de la practica diaria".**

# Introducción

## Mi yo espiritual:

Bienvenidos a mi espacio, a mi mundo, a mi yo espiritual.

Soy Joana, una mujer que desea que puedas encontrar tu esencia, así como yo estuve en la búsqueda de ella.

En el camino me encontré con personas hermosas que me permitieron experimentar el poder que tenemos en nuestro interior, quizás, entiendas de lo que te hablo, o tal vez no. Solo espero que puedas abrirte a nuevas posibilidades y que todo el amor y la experiencia trasmitidas en estas líneas puedan llegar hacia a ti.

Hace unos años quien escribe se encontraba contraída por miedos, dudas, creencias limitantes y sin luz.

Pero hoy ese ser que logró transformarse te escribe para que puedas soltarte y volar, volar lo más alto que puedas, y así poder escuchar a tu mente, cuerpo y alma.

Estoy feliz de que estés conmigo en estas lineas de sostén y de servicio para superar obstáculos en el que te voy a acompañar a crecer personalmente.

Mi propósito es crear un nuevo orden para compartir a todos los niveles y que te olvides de competir, fortaleciéndote desde el humano que realmente sos y querés ser, a partir de lo que has sido.

Ansiosa de  mostrarte esta iniciativa para visibilizar y reflexionar sobre el poder de la escritura de crear mundos nuevos, emocionar e impactar como emprendedores, sanar, gestionar emociones, al mismo tiempo que vas conectando con tu propósito de vida.

Emocionada de comenzar a contarte por dónde transita  esto.

De mostrarte que El Nirvana de Grecia Joana te resuene a un llamado de servicio desde el corazón. Un llamado que vengo gestando dentro y que hoy doy luz para compartirlo con vos.

De que seas parte de este proyecto que nació desde toda mi experiencia, sanando, creando, emocionando, impactando y buscando que desde la escritura, crezca para acercarte la experiencia de formar parte de una comunidad que te escucha, entiende y acompaña, sin olvidarse de hacerte disfrutar.

Te doy la bienvenida a leer este libro para ser, conectar y crecer.

Bienvenidos a una comunidad, donde escribir va a expandir la esencia de todo lo que vos quieras y necesites.

Hoy El Nirvanase abre para ayudarte a vos,
que tenes una herida, una ilusión, una idea,
un proyecto.

A vos que no querés renunciar a tus sueños
a pesar de tus miedos.


Te acompaño....

# Permitite dudar

**P**ara comenzar cualquier proceso de transformación y autoconocimiento, es fundamental que tu primer paso sea este. Como seres humanos tenemos Ego, y esto hace que tengamos una tendencia natural a querer tener razón siempre.

Lo tópico es que desde ese lugar no hay revelación y hallazgo porque simplemente estamos queriendo validar lo que ya pensábamos, que fue lo que nos trajo a la situación presente, por lo que si estás queriendo cambiar tus resultados, *darte la razón sólo va hacer que te tropieces siempre con la misma piedra.*

Para estar apercibido a descubrir algo nuevo vas a necesitar permitirte dudar de todo lo que hasta ahora pensabas.

¿Y si no es así como pensabas?
¿Y si no fue así como sucedieron los hechos?
¿Y si todo lo que conoces es falso?
¿Y si existen otras formas?

¿Alguna vez te preguntaste cuánta información damos por válida sin siquiera objetarla?

Es mucha, estamos todo el tiempo
incorporando nueva data y recién ahora nos
estamos animando a poner ciertas
estructuras en tela de juicio.
¿Pero cuánto tiempo seguiste un camino
porque era el único que conocías o porque
simplemente te dijeron que era así y nunca
lo cuestionaste?

Amo los cuestionamientos, creo que son el
núcleo de la evolución, cuando alguien llega
a mí  y empieza a considerar la mínima
posibilidad de que tal vez exista otra forma
de ver una situación, mi trabajo está hecho,
porque sé que una vez que miramos algo
diferente, ya no hay forma de volver atrás.

El camino del aprendizaje muchas veces se trata de desaprender lo aprendido.

*Estar dispuestos a no tener razón, nos abre las puertas al descubrimiento.*

# La libertad de elegir es eligiendo.

## Lo obvio, no es tan obvio

Parece innegable ¿no?, Sin embargo llevado a la práctica no es tan así.

Siempre me suena bien poder conectarme con una de mis cualidades: LA DUDA.

En mi vida es muy normal tener una idea extraordinaria y al rato sentir que es horrorosa, o estar completamente decidida en algo y al rato volver a considerar la otra opción. Nunca nada termina de cerrarme por completo, juro que a veces es desesperante.

Podría decirse que aprendí a convivir con esta sensación, lo cual no significa que muchas veces esta dualidad me paraliza y no me deja ir por lo que quiero.

¿Por qué? Fue mí pregunta mucho tiempo. ¿Para qué? Fue la respuesta

Empecé a hacerme esta pregunta y en mi auto investigación te cuento lo que aprendí de esto: yo solía asociar la libertad de elección con la NO elección.

Esto se vio clarísimo en mis vínculos,
cuando no quería tener una relación seria
con alguien, claramente tenía fobia a la
soledad y mi forma de lidiar con eso era
mantenerme en la no definición de la
relación por miedo a la desilusión
Esto teóricamente parecía re cool pero
emocionalmente la pasaba malísimo, porque
me sentía ahogada.

¿Ahogada? Si sos libre
MENTIRA.
Mi vida estaba atada a un miedo a soltar, a
pertenecer y parecer.

Yo me la daba de no compromiso pero la
verdad es que siempre estamos

comprometidos con algo y yo estaba comprometida con no comprometerme.

El no elegir me hacía pensar que como tenía todas las posibilidades a mí disposición y no tomaba ninguna, eso era libertad.

Más no querida, no elegir es precisamente lo que me ahogaba. Porque al final me sentía tironeada de todos lados y sin posibilidad de enfocarme en nada.

Yo no había decidido no tener una relación, pero tampoco había decidido tenerla, entonces básicamente estaba navegando sin rumbo y dejando mi vida sentimental al azar, como si eso fuera a llevarme a donde quiero. El ahogo era la no definición.

Llegué a siguiente conclusión: tengo que elegir.

Porque la libertad es eligiendo, porque cuando elegís te sentís libre de ir para donde querés, en cambio cuando no lo haces, no podes ir a ningún lado.

*No esperes libertad sólo contemplando opciones, ser libre es tener el poder de elegir que querés.*

# Aceptar, Decidir y Accionar.

*Tres pasos para cambiar tus habitos.*

La pregunta del millón es ¿Cómo hago?

Acá les comparto mí método eficaz para cambiar cualquier hábito.

Pero lo primero a prestar atención es para qué queremos cambiar, tener la certeza y la seguridad que es para el bien de uno y no para satisfacer necesidades de otros.

1. Aceptar. Permitir y respetar lo que está sucediendo.

Desde el enojo y la oposicion no vas a generar nada nuevo, si no más de lo mismo. Nuestra mente se enfoca muy fácilmente, por magnetismo, en los pensamientos que tienen más carga y vibran más denso, por ende mientras más pienses negativamente en lo que pasa, más emociones de ese tipo acumulas y el proceso de avanzar se hace más difícil.

Aceptar te perimte soltar el control de lo que no se puede cambiar y asi poder pensar en postivo cual es el paso proximo a seguir.

Aceptar sin juzgar, porque cuando uno acepta es capaz de entender, pero sobre todo comprenderse.

2. Decidir. Una vez que reconozcas y aceptes lo que está ocurriendo, tus emociones, tus pensamientos, tus sensaciones físicas, etc. Es hora de **Elegir. No podemos elegir que sentir, las emociones simplemente aparecen, pero si podemos elegir qué hacer con lo que sentimos.**

Hay miedos que por ejemplo, puede que nos acompañen toda la vida, pero es una decisión nuestra que ese miedo nos paralice o simplemente nos acompañe mientras avanzamos.

Lo que elegimos es lo que define quiénes queremos ser.

Pero lo que nosotros decidamos hacer con

eso, depende de nosotros, y no del otro.

Si nos sentimos mal, es nuestra decisión.

Si nos sentimos bien, es nuestra decisión.

Toma la misma cantidad de esfuerzo sentirte
mal que sentirte bien.

Si nos enfocamos en sentirnos bien (o
neutral), perfecto. Pero si decidimos
sentirnos mal, automáticamente bajamos
nuestra vibración y entramos en la necesidad
de culpar al otro (por cómo nos sentimos).
Siempre hay un culpable, hay la necesidad
del castigo (aunque sea inconscientemente),
y esto nos mete en un vicio mental agresivo
que atrae más agresión a nuestra vida.


3. Accionar. La llave. No sirve de nada que
tengas todo el proceso mental hecho, que

hayas formulado teorías existenciales de porqué sos como sos, o que compartas muchas frases copadas en Instagram de lo linda que puede ser la vida. **Si no tomas acción, nada va a ser distinto.**

Para que un hábito nuevo, sea una forma de pensar, una forma de sentir, una meta, una rutina, se fije en nuestro cerebro, **hay que accionar**

Quedarte con la idea en tus pensamientos no van a llevarte a esa vida que quieres, la verdadera sabiduría proviene de la experiencia, no de los libros.

Si realmente quieres generar un cambio, en algún momento vas a tener que dar un paso adelante, aunque no estés seguro de dónde estés yendo.

El hacer nos saca de la parálisis mental, nos
conecta con eso que queremos.

**Nuestros momentos más creativos
vienen cuando estamos haciendo.**

# Si no tengo claro mi propósito, seguiré el de los demás.

¿Te has preguntado cuál es tu propósito?

Si aún no lo has hecho, es momento de prestar atención a tu deseo que proviene del corazón. En este proceso podrás auto descubrirte y recordar virtudes que permanecieron ocultas. Podrás sacar a la luz aquello que te da felicidad y te hace olvidar del tiempo.

Si aún no has hecho, es probable que estés siguiendo el propósito de otra persona y por un tiempo colaborar es maravilloso si eso lo haces de corazón. Y ahí ya tienes una señal del camino a seguir.

Ahora toma un momento y respira y pregúntate cual es mi propósito HOY.

Una vez que escuches tu voz interior, es importante conectarte e ir a un encuentro de sabiduría para conocer los motivos por los cuales no has ido en el camino de tu propósito de vida.

Muchas veces confundimos nuestro propósito con el de los demás, y luego, por miedo a desilusionar seguimos transitando la vida de los demás y no la nuestra.

¿A quien crees que lastimarías si decides realizar tu propósito?

¿Temes que alguien te juzgue?

¿Crees que no vas a poder realizarlo?

Cuantas preguntas pueden surgir, pero la real respuesta está en tu interior, y, aprender a conocerse es una buena herramienta para saber por dónde seguir.

Te invito a que te descubras y que puedas liberar tus miedos, es una hermosa forma de brindarte amor.

# El miedo es la alerta, no la certeza.

El miedo cumple el oficio de resguardarnos, cada vez que aparece nos está alarmando de que podríamos estar corriendo riesgo en determinada situación por ser semejante a algo que ya ocurrió (no necesariamente a nosotros si no tal vez a alguien en nuestro clan).

La contrariedad es cuando estamos confundiendo esas *Alertas* con *Certezas*, es decir cuando estamos interpretando esas señales de cuidando como algo inevitable que nos va a pasar.

La mente no distingue lo real de lo
imaginario, por ende, si dejamos que
imagine que algo maléfico va a suceder, *va a
generar un estado emocional
determinado como si eso ya estuviera
sucediendo.*

Y este estado va a hacer que muchas veces
evitemos pasar por determinados
lugares...pero ¿qué pasa si en ésos lugares
está lo que queremos? ¿Qué pasa si en ése
lugar está la relación que quiero, el proyecto
que tanto deseo?

En ese evitar no solo estoy evadiendo los
momentos que podrían llegar a generarme

dolor, sino también los que podrían
generarme alegría y nuevos aprendizajes.

Por esto es importante hacer consciente el
miedo para frenar y reconocer que es sólo
una alerta que reacciona en pie **al pasado** y
no a lo que de verdad está sucediendo.

Por ejemplo, si estoy conociendo a alguien
nuevo para tener una relación, me podrá
decir "cuidado, ya una vez te lastimaron"
pero no significa que eso vaya a pasar.
**Es una alerta, no una certeza.**

Estoy reaccionando con respecto a una
**experiencia pasada**, pero la realidad es que
ésta persona nueva, no me lastimó.

Entonces debería mirar si no estoy tomando actitudes con el fin de 'protegerme', porque seguramente me esté reprimiendo expresiones y/o emociones, y no esté siendo casta, por ende la relación que voy a crear, tampoco lo va a ser.

En cambio, si hago consciente lo anterior, puedo elegir avanzar igual y ser auténtica sabiendo que mi mente solo está intentando cuidarme de repetir alguna vivencia pasada, pero que hoy puedo crear algo nuevo.

El miedo es amigo, no es predictivo.

¿Que no te estás permitiendo por miedo?

# La culpa es arrogancia

Todos conocemos la culpa, ese correctivo interno que nos resuena en la mente cada vez que no somos perfectos.

Si te portas mal, Dios te va a castigar.

Si no haces la tarea, te quedas sin salidas.

Si no das todo lo que te piden, no te van a aceptar.

Si le decís lo que sentís, vas a herirlo.

Jesús se sacrificó por nosotros, así que hónrenlo y sean buenos cristianos.

Circulamos incalculables representaciones

de culpa y castigo, algunas nos las imponen
otros, otras nos las imponemos nosotros
mismos.


¿Qué es la culpa?
El sentimiento horrible que tenemos
después haber hecho algo "mal".
O, sea, la culpa es la auto-exigencia, el
perfeccionismo.


La culpa bloquea el mérito y el disfrute,
porque si hice algo "malo" me castigo no
mereciendo cosas buenas, no disfrutando de
nada.
Al igual que Jesús, siento la necesidad de
sacrificar algo mío por otros, o para
solucionar algún "error".

*Sacrificio*. Nos criamos con la imagen del Jesús crucificado, y en vez de captar los mensajes de amor, entendimos que tenemos que crucificarnos o crucificar a otros.

Así vamos por la vida, culpándonos o culpando a otros.

¿Sabes qué? Es hora de sacarnos los tapujos y decirnos la verdad: *La culpa es arrogancia, es falsa humildad.*
¿Quién sos para pensar que no podes equivocarte?
¿Quién sos para exigirle perfección a otro?

Nos castigamos o castigamos para sentirnos

mejor con lo que pasó, si duele lo suficiente
me alivia un poco el ego herido.

Qué soberbia la nuestra pensar que todo lo
podemos, todopoderosos, siempre jugando
a ser Dios.

Ni Jesús fue perfecto, de hecho era bastante
rebelde, y su mensaje no fue de culpa si no
de amor, pero eso no le convenía al sistema.

¿Querés dejar de sentir culpa?
 Acéptate como ***ser humano***
Deja de cargar una cruz que ya cargaron por
nosotros.

Ya otros sacrificaron su felicidad por la
nuestra, no necesitamos resignarnos ni
postergarnos para devolverla, sino todo lo

contrario.

33

La verdadera humildad está en nuestra capacidad de *recibir*, de honrar la vida y vivirla, de dejar de jugar a ser el *Mesias*. Culpa no, amor sí.

# La paja es miedo

Llegué a esta conclusión a través de dos senderos, el  primero fue mi experiencia, el segunda la neurociencia.

Hubo un momento de mi vida en donde empecé a notar que quería hacer cosas nuevas, pero a la hora de empezar me invadía "la paja".

Mi primer registro consciente fue un día que tenía que presentarme a una conferencia de mercadeo en red y comencé a sentirme extraña...

Ahí empezaron las voces...
¿Quién me mandó a hacer esto?
¿Qué necesidad había?

Me quería ir a mi casa.
Y la sensación era "me da paja".

De verdad no puedo explicarlo de otra manera más que esa, sentía que mi cuerpo cargaba y no podía moverse, hasta me agarró sueño de repente. Sentía que algo me cautivaba invitándome a volver a mi dulce hogar, meterme en la cama y mirar Netflix.

Ahí empezaron mis justificaciones para avalar mi vuelta "ya fue, si me siento así es porque tanto no lo quería", "no es tan importante", "no necesito hacer esto", etc.

Lloré.

Después vino un gran compañero de amor y en un acto sumamente manipulador me dijo "si vos no lo haces, yo tampoco".

Lo hice obvio, pues nunca por mí pero siempre por el otro.

Y al final la pasé fantástico y era lo que

quería.

Ese día comencé a dudar que esa sensación
de paja previa había significado que yo tenía
miedo.

No casualmente, empecé a encontrarme con
la misma sensación de no-ganas cada vez
que tenía que hacer algo nuevo desde ir al
gimnasio, empezar a comer sano, avanzar
con un proyecto, hasta comenzar a escribir
este libro.

La paja es miedo, comprobé.

Con la neurociencia entendí que para
nuestra mente, por un mecanismo de

supervivencia en el que ahorra energía,
siempre va a ser más fácil quedarse en
donde está.

Zona de confort, área de seguridad, llámalo
como quieras. Siempre le va a caer mejor el
sillón con Netflix, bien resguardado sin
ningún tipo de espantajo, que salir a
comerse el mundo y ¡exponerse a quién sabe
qué! ¿Éxito? ¿Amor? ¿Logros? ¿Prestigio?
¿Felicidad?
¡Miedo! Si no lo conozco, no es seguro.
Esa es la asociación que hace, y la paja es el
mecanismo compensatorio para no tomar el
riesgo.

Así que, de ahí en más  " tengo paja" se

transformó en " tengo miedo" o en "me cuesta crear este nuevo hábito".

**Un gran indicador de que es lo que quiero.**

# Quien controla su mente, controla a su peor enemigo y lo transfoma en aliado.

*Es sin resistencia y con aceptacion.*
*Es con amor y sin miedos.*
*Es simplemente confiando.*

Un modelo común que veo en las formaciones que hago y doy, es la cantidad de personas que quieren dedicarse a ayudar a otras y no se animan siquiera a admitirlo.

Cada vez que me tropiezo con una de ellas, transito a los momentos en los que era yo la que no se animaba ni a decirlo en voz baja.

Mi adverso número uno era ésta creencia de que no tenía nada para dar.
Que lo que yo innovaba no le iba a servir a nadie. ¿Habiendo tantas almas que hacen lo que yo hago, porqué vendrían a mí?

Y no es que me pasaba con el coaching, se trasladaba a todo. Cuando era miembro de una organización de marketing pensaba que nadie iba a sumarse al equipo, cuando quería tener una pareja sentía que no era suficiente, cuando jugaba vóley pensaba que no tenía lo que se requería.

Sentir que no tienes nada para dar, es una creencia "Cross", atraviesa todas las áreas.

(Y yo creo que en el fondo todo queremos darle algo a alguien o algo, sentir que podemos asistir con una causa más grande que nosotros. Pero esa es una creencia mía.)

En fin, en mí experiencias la clave estuvo en el reconocimiento. Cuando no reconocemos eso que estamos dando, la sensación es que no vale.

Porque aunque pienses que no, ya estás dando, y de hecho si miramos en tu historia ya diste un montón, simplemente no te frenaste a registrarlo, a reconocerlo, porque

en esta lógica capitalista de productividad

siempre estamos pensando en mirar lo que

falta, en compararnos entre nosotros, en

pensar en qué falló, y no miramos qué

funcionó.

Todos tenemos algo para dar, algo único.
Y ya lo estamos dando, solo necesitamos
prestar atención.

No me olvido más el día que descubrí que

podía ayudar a alguien, parece una

minusvalía, y es tan obvio pero a veces no lo

vemos no importa cuánta evidencia

tengamos adelante.

Reconocerse es tan fácil y tan difícil, que tengo días en que me levanto sintiendo que lo que hago está buenísimo y días en que siento que lo que hago no sirve, pero ahora soy consciente de éste mecanismo y puedo elegir qué día me creo y qué día me ignoro y sigo.


Todos tenemos algo único para compartir, y lo hacemos tan natural que se nos hace imperceptible.
Pero está ahí, solo hay que prestar atención.
¿Y vos, qué tenés para dar?

# De victimas a maestros.

El proceso que estamos cruzando nos pide integracion tanto individual como colectiva.

Se trata de mudar de aires la forma de mirarnos, dejar de vernos separadamente y mirarnos individualmente, como un sistema integrado que a su vez es parte de un sistema mayor.

Es decir que somos seres holísticos, que significa que somos un todo, no estamos aislados ni dentro ni fuera, nuestros pensamientos, nuestras emociones, nuestras sensaciones fisicas, nuestra energía, nuestras acciones, todo esta trabajando en conjunto y a la vez.

Vamos a un ejemplo concreto que se trabaja mucho en sanación. Si tengo un dolor de espalda, voy a ir al medico y este me va a dar una pastilla para calmar el dolor y seguro me mande estudios, entonces voy a estar solucionando el problema solo en mi cuerpo fisico, pero esto sería solo la punta del iceberg, lo que estoy observando, pero como soy un ser holístico, deberia mirar *todo* para encontrar la verdadera raiz del problema y sanarlo, sino lo que va a pasar es que ese dolor se va a curar superficialmente pero va a volver en forma de otro síntoma o no.

¿Qué tengo que observar entonces?

Qué esta sucediendo en mis pensamientos,
en mis emociones, en mi cuerpo energetico,
y tambien en mi exterior, los resultados que
tengo en mi vida, lo que pasa en mi trabajo,
relaciones, etc. Porque todo esto no es un
hecho aislado de lo que pasa dentro mio ( de
aquí el termino como es adentro es afuera).

Los problemas que tengo afuera tambien
son síntomas de algo que tengo que sanar
adentro y al revés.

Entonces el primer paso para empezar a

conectar con la responsabilidad que nos
pide este proceso es aceptar que todo lo que
pasa adentro y afuera son mensajes de algo
que necesito sanar y aprender.

Cuando acepto que todo lo que acontece en
mi vida es mío, empiezo a ser responsable,
es decir, tengo la capacidad para responder
por eso y cambiarlo, si lo veo como algo
externo a mi, no puedo hacer nada.

Esta es la diferencia entre una víctima y un
maestro, la victima siente que la vida pasa, el
maestro se hace responsable y ve la
oportunidad de aprendizaje.
Cuando el alumno esta listo aparece el
maestro.

# Responsabilidad

**P**ara que podamos progresar hacia donde necesitamos es urgente que aprendamos a mirarnos con responsabilidad.

Pero... ¿qué significa?

Como lo dice la palabra, significa que tenemos la habilidad de responder por algo, es decir que ante cualquier situación que aparece en mi vida, puedo elegir.

Mi vida es el resultado de todas las decisiones que tomé, porque *siempre* estuve respondiendo de alguna manera.

Esto no es para que te tortures el cerebro castigándote por las decisiones que tomaste, eso es culpa y es otra cosa.

Vamos a dejar algo en claro, siempre estuvimos respondiendo con las herramientas, las experiencias y el nivel de consciencia que teníamos en ese momento, ósea que juzgarnos con el diario del lunes por algo que *ahora* podemos ver, no es justo porque en ese momento no podíamos considerar esa posibilidad por el motivo que sea.

Créeme que nadie tiene ganas de pasarla mal a propósito, siempre estamos decidiendo según lo que creemos mejor y desde este punto de vista no existen las malas

decisiones.

Responsabilidad es aceptar que siempre

estoy eligiendo porque aun en las situaciones

que generaron otros, puedo responder.

Si por ejemplo fui víctima de un robo, no

puedo cambiar lo que pasó, pero si puedo

elegir qué hacer con eso, como quiero que

eso afecte en mí vida.

Siempre estamos respondiendo y si acepto

esto, puedo tomar el aprendizaje de eso que

elegí antes para poder elegir de nuevo.

Si creo que no lo elegí, no puedo tomar el

aprendizaje, porque no lo elegí, no es mío.

Cuando soy responsable recupero el poder
de cambiar hacia lo que quiero

Entonces este momento es una oportunidad
para mirar cómo estuviste respondiendo
hasta ahora, en tus vínculos, en tu trabajo,
en tu salud, en tus hábitos.
De esta forma vas a poder tomar ese
aprendizaje y elegir como querés responder
de ahora en más.

# Tiempo & Equilibrio.

Reaprende a utilizar el tiempo para sanarte.

**C**ada amanecer recibimos este maravilloso regalo y depende de nosotros como lo utilizamos. Termina el día y desaparace, fui consciente hace muy poco, pero desde ese dia comence a valorarlo y a utilizarlo a mi favor.

Todos tenemos la misma cantidad de horas, pero algunos en el mismo lazo de tiempo logran hacer cosas que no podemos entender en que momento las realizan. Asi es, en comparación constante. Leyendo el libro "Mañana Milagrosas" pude ver que el tiempo no trabajaba a mi favor, porque era yo quien no lo estaba valorando y desperdiciando.

Desde entonces me tomo tiempo para descansar.

Necesitamos entre 7 y 8 horas de sueño para recargarnos de energía. No estas perdiendo tiempo, lo estas utilizando a tu favor.

Vivimos en una sociedad en donde el que descansa mucho o esta sin hacer nada es juzgado. Pero hoy te dejo escrito que no es así, nuestro cuerpo merece un equilibrio y el descanso es parte de ese equilibrio físico y emocional. Date ese espacio en tu agenda para descansar como lo mereces, sin estar al pendiente de qué actividades hay que realizar mas tarde, o si hay algo inconcluso que resolver, solo tú y el descanso, disfrutando del momento aquí y ahora. Un hermoso hábito para adquirir.

Comencé a tomarmee tiempo para ejercitarme, necesitamos mover nuestro cuerpo para activarnos y liberar endorfinas. Te recomiendo que puedas realizar tus ejercicios en un lugar en el que te sientas comodo y sobre todo que te guste, que sea un momento de placer y renovacion.

También tomo tiempo para estar conmigo misma, un pasatiempo de luz.
Date permiso para pasar esos momentos

contigo, sos tu mejor compañero, amigate
con quien sos...

**Tengo el poder de crear la vida que
merezco.**

Por ultimo comencé a tomarme tiempo para
enfocarme en mis sueños y objetivos.
Hace muy poco, hará cinco meses, me topé
con una persona brillante, hoy me capacito
con ella, y me enseño que los sueños no son
solo sueños, mas allá de las teorías que
leemos.

*Permiso para soñar:*
El primer paso para cumplir un sueño es
darnos el permiso para soñarlo.

Si bien me considero una soñadora nata, me he encontrado muchas veces en mi vida pensando que no sabía lo que quería.

Si nunca te pasó, te cuento que es una situación muy angustiante en la que sentís que das vueltas en círculo y nunca llegas a ningún lado.

Me terminaba enojando conmigo.

¿Por qué todos tienen tan claro que quieren y yo no tengo idea?

¿Qué quiero?

Con el tiempo y el trabajo interno que hice, me di cuenta que no es que estaba perdida si no que de verdad nunca me había dado el permiso *real* para recibir la respuesta.

Tal vez por culpa, por miedo a que mis sueños no encajen en mi zona de confort, por parecer loca o sentir que estaba rompiendo alguna regla o mandato.

No estaba autorizada a soñar en grande, eso era para otros.

La realidad es que no podemos esperar que el afuera habilite algo que nosotros tenemos que activar, la que no estaba dándose el permiso para soñar era yo.

Me empecé a decir todos los días antes de irme a dormir que me permitía soñar y que le pedía a mi inconsciente que me muestre lo que quiero.

Al tiempo apareció, empezó a gestarse una lucecita que después fue creciendo y tomando forma.

Desde ahí que conocí el paso previo a declarar una meta: darse el permiso.

Eso sí, cuando aparece, ¡hay que hacerse cargo!

Cómo yo digo, mirarse es un camino de ida,

cuando finalmente la ves, ¡hay que hacer!

60

**YO DECRETO QUE ME PERMITO SOÑAR EN GRANDE**.

¿VOS?

# ¿Por qué Escribir?

La escritura ilumina los rincones sin ventilar, los oxigena y descubres lo que ocultaba esa fina y tranquilizadora capa de polvo. Encontrarte frente a frente con tu yo inconfesable es el primer paso para reconciliarte con tu historia y sanar tu cuerpo.

Escribir a mano traza un puente entre el subconsciente y la experiencia corporal. Aquello que no logramos transformar en síntoma. Por esto revelar tu yo inconfesable es un proceso para sanar tu mente, cuerpo y alma.

Cuando nuestra mente nos habla, no somos consciente de lo que nos dice, producimos miles de pensamientos de manera automática y una de las maneras de poder escucharla es a traves de la escritura, como un regalo de amor hacia tu cuerpo, para poder soltar lo que callas.

Escribir de forma automática, sin juzgar, soltando el control y que fluya.
La ciencia viene confirmando que las enfermedad son a causa de lo que no liberamos, nos mantenemos atados a pensamientos, creencias limitantes que a la larga nos ahogan. Te invito a que puedas volcar en papel todo lo bello que tu mente

tiene para expresar.


Para finalizar te invito a tomarte tiempo
para conectar con vos. Sos el ser mas
importante de tu mundo y necesitas amarte,
perdonarte y aceptarte para poder amar,
perdonar y soltar.
Te deseo que encuentres tu mejor versión y
la felicidad a traves del equilibrio mente-
cuerpo-alma desde lo mas profundo de mi
corazón.

# Salto de conciencia.

**H**ace tiempo varios venimos escuchando sobre el famoso salto cuántico, el cambio de consciencia, el proceso de ascenso de la tercera a la quinta dimensión, la conjunción Saturno Plutón.

Resulta que somos seres espiralados en constante evolución, esto significa que siempre estamos atrayendo experiencias que nos permitan aprender para ascender.

Esto sucede tanto a nivel individual como

colectivo, es decir, como persona, tu alma
busca esas experiencias para su evolución y
al mismo tiempo como conjunto de almas,
de seres humanos, tenemos desafíos
colectivos que nos van permitiendo este
ascenso de vibraciones.

Acá entra en juego la famosa masa crítica,
que es la cantidad mínima de personas que
se necesita que vibre una determinada
consciencia para que un proceso suceda.
Es decir, si muchas personas están
pensando y sintiendo de determinada forma,
vibracionalmente esto empieza a contagiar al
resto y comenzamos ascender a un nuevo
nivel de consciencia al que o nos adaptamos,
o nos quedamos. Por esto es importante

actuar de forma colectiva y ser conscientes del proceso y qué es lo que viene a transformar.

Ahora, ¿qué es lo que estamos dejando atrás? La conjunción Saturno Plutón está desarmando estructuras viejas, relaciones de poder, estructuras institucionales, políticas, económicas, religiosas, que ya no van más. Formas arcaicas propias de la tercera dimensión en donde reinaba *El ego*, la conquista del territorio del otro, la dualidad, la posesión, que ahora ya no nos permiten avanzar, ya no van con nosotros.

En el medio pasamos por la cuarta dimensión en donde necesitamos trabajar el amor propio, entender que necesito estar

bien para estar con el otro, que ser egoísta es

no priorizarme porque lo que doy después

está vacío.

La quinta dimensión, es la de la creación, la

libre expresión, la comunicación en todas

sus formas, y esto nos pide sentido de

unidad colectiva, entender que somos

únicos, que cada uno ocupa un espacio

importante, pero en una red de la que todos

somos parte y todos somos importantes.

Por eso lo que se nos está pidiendo para este

ascenso es responsabilidad individual y

colectiva, si no me cuido, descuido al otro,

(como en la cuarta dimensión), si el otro no

tiene lo que necesita, corremos peligro todos.

El salto cuántico es un salto de consciencia, que requiere que nos miremos profundamente (por eso nos mandó a todos adentro, a casa), que miremos qué estructuras en nuestra vida no van más, que formas vinculares estamos repitiendo una y otra vez, requiere autorizarnos a tener esa vida que queremos, dejar de esperar la validación de alguien más.

Si empezamos a mirar qué nos trae este proceso, estamos contribuyendo, si nos agarra el pánico y el miedo, estamos destruyendo.

Pregúntate:

¿Qué viene a mostrarte este proceso?

¿Qué estoy sintiendo en este aislamiento?

¿Qué me está enseñando?

¿Con qué me estoy encontrando de mí y del otro?

¿Qué me da miedo?

¿Si estás trabajando desde tu casa, que sentís respecto a no tener una autoridad física cerca?

¿Te sentís más libre?

Si somos lo que pensamos, entonces ¿qué pensamos?

Una de las Leyes más poderosas de la metafísica es la ley de Mentalismo. Y si seguimos pensando siempre lo mismo, nuestro afuera siempre será igual.

# Conclusión:

El nombre Nirvana es un estado de iluminación de la Religión budista que viene a enseñarnos el secreto para vivir en paz con uno mismo, es transformar la mente propia para afrontar cualquier tipo de adversidad vital, sea esta de la índole que sea.

Siempre pensamos que el problema está fuera y tratamos de cambiar lo de fuera, pero así nunca cambiaremos nuestra mente, como ejemplo cotidiano, es el llegar tarde a algún sitio por algún contratiempo. El origen del problema que a uno le causa "la espera de colectivo, una rueda pinchada, o el trafico colapsado, no es ese fallo de los choferes, de un fallo mecánico o de un colapso en la ciudad, sino cómo lo asume la mente, que debe adoptar una postura positiva y no ver ese contratiempo como ningún problema. «El budismo no quiere cambiar los problemas exteriores, sino las mentes».

Pero el pensamiento debe «adiestrarse» y ello lo logré mediante la meditación, ejercicio que deparará al ser humano un equilibrio interior y una paz que le permitirá vivir libre de problemas internos o «perturbaciones mentales»

La meditación consiste en «pensar solo en cosas virtuosas» y no de forma espontánea o breve, sino mediante una práctica continuada e intensa. Para ejercer el «pensamiento virtuoso» simplemente es preciso «cambiar la mente».

Es a través de la meditación y la eliminación de las «perturbaciones mentales» como una persona puede llegar a alcanzar el estado de nirvana o iluminación, que consiste en la total y absoluta ausencia de pensamientos adversos.

Para este fin es importante el desarrollo de la paciencia, que «no es aguantar todo y callar, sino aceptar de corazón» las circunstancias.

Nirvana me enseñó a conocerme, a aceptarme y a reinventarme, todos nacemos con creencias que no son las originales, nuestros genes son contaminados (como una manera de decir), lo cual nos lleva a pensar y actuar como nuestro entorno cree que es mejor, así es que vivimos atados a deseos que no son nuestros. Esto me permitió a mí, poder entender cuál era mi estado actual para poder ir a ese estado deseado.

Es acá que finalizo este libro, abriéndote mi corazón y entregándote todo lo que he aprendido, para que puedas utilizar estas herramientas para vos.

Te han preguntado alguna vez ¿quién sos?, bueno... esta soy yo.

Deseo que puedas conectar con el estado de luz
que llevas dentro, todos tenemos un nirvana
interior.

Besos al alma.

Grecia Joana.

*Agrega tus notas :*

www.ingramcontent.com/pod-product-compliance
Lightning Source LLC
Chambersburg PA
CBHW051215250726

48655CB00006B/2414